BEI GRIN MACHT SICH IHR
WISSEN BEZAHLT

- Wir veröffentlichen Ihre Hausarbeit,
  Bachelor- und Masterarbeit

- Ihr eigenes eBook und Buch -
  weltweit in allen wichtigen Shops

- Verdienen Sie an jedem Verkauf

Jetzt bei www.GRIN.com hochladen
und kostenlos publizieren

Realisierung eines Beleuchtungsmodells mithilfe von Ray-Tracing

Patrick Tinz
Janik Tinz

GRIN

Bibliografische Information der Deutschen Nationalbibliothek:

Die Deutsche Nationalbibliothek verzeichnet diese Publikation in der Deutschen Nationalbibliografie; detaillierte bibliografische Daten sind im Internet über http://dnb.d-nb.de abrufbar.

ISBN: 9783346461186
Dieses Buch ist auch als E-Book erhältlich.

Druck und Bindung: Books on Demand GmbH, Norderstedt Germany
Gedruckt auf säurefreiem Papier aus verantwortungsvollen Quellen

Das vorliegende Werk wurde sorgfältig erarbeitet. Dennoch übernehmen Autoren und Verlag für die Richtigkeit von Angaben, Hinweisen, Links und Ratschlägen sowie eventuelle Druckfehler keine Haftung.

Das Buch bei GRIN: https://www.grin.com/document/1041332

Hochschule Darmstadt

– Fachbereich Informatik –

Realisierung eines Beleuchtungsmodells mithilfe von Ray-Tracing

Studienarbeit

im Modul Computer Graphik

im Studiengang zum

Master of Science (M.Sc.) - Data Science

von

Patrick Tinz & Janik Tinz

ZUSAMMENFASSUNG

Die Berechnung der Beleuchtung einer Szene spielt in der Filmindustrie sowie bei der Computerspiel-Entwicklung eine wichtige Rolle. Eine korrekte und authentische Beleuchtungsberechnung ist eine zentrale Problemstellung aus dem Bereich der Computer Graphik. Diese Arbeit beschäftigt sich mit einem Beleuchtungsmodell, welches diffuse und spiegelnde Reflexionen berücksichtigt. In diesem Zusammenhang wird ein Ray-Tracer vorgestellt, welcher eine Szene rendert und eine Bilddatei erstellt. Zunächst werden die grundlegenden Funktionalitäten und der Aufbau des Ray-Tracers erklärt. Das Vorgehen besteht aus drei Schritten: (I) Es wird eine Schnittpunktberechnung zwischen einem Sehstrahl und einer Kugel oder einem Dreieck durchgeführt. (II) Schließlich werden die diffusen Reflexionen der Objekte berechnet. (III) Abschließend werden die spiegelnden Reflexionen der Objekte ermittelt. Im Ergebnis wurde ein Ray-Tracer konzipiert, der diffuse und spiegelnde Reflexionen berechnen kann. Außerdem unterstützt der Ray-Tracer unterschiedliche Lichtquellen und Kamerapositionen. Die erstellten Bilder veranschaulichen die Mächtigkeit des Ray-Tracing Verfahrens.

INHALTSVERZEICHNIS

ABBILDUNGSVERZEICHNIS

1

EINFÜHRUNG

Die Filmindustrie nutzt Ray-Tracing beispielsweise für Animationsfilme. Ein Beispiel ist der Film Cars von Pixar Animation Studios [Chr+06]. Des Weiteren wird Ray-Tracing auch bei Computerspielen eingesetzt, wodurch die Spiel-Grafik noch realistischer wird. Die Echtzeitberechnung von Spiegelungen beim Gaming benötigt sehr viel Rechenleistung, welche durch die neusten RTX-Grafikkarten[1] von Nvidia zur Verfügung steht [Pan+20]. Es gibt lokale und globale Beleuchtungsverfahren. Die lokalen Verfahren beschränken sich auf die primären Lichtquellen. Bei globalen Verfahren beeinflussen sich die Objekte in der Szene gegenseitig hinsichtlich der Beleuchtung. Ray-Tracing ist ein globales Verfahren zur Beleuchtungsberechnung. Globale Rendering Verfahren sind sehr rechenaufwendig im Vergleich zu lokalen Verfahren. In dieser Arbeit wird die Konzeption und Funktionsweise eines Ray-Tracers beschrieben, der die Beleuchtung in einer Szene berechnet. Die beleuchtete Szene wird in einer Portable Pixmap (ppm) abgespeichert. Die Herausforderung bei der Konzeption eines Ray-Tracers ist die Berücksichtigung von Spiegelung, Schattenwurf und Lichtreflexion von anderen Objekten. Diese Herausforderungen sind die Motivation für diese Arbeit. Aus diesem Grund beschäftigt sich diese Arbeit mit der Berechnung von diffusen und spiegelnden Reflexionen anhand von Kugeln und Dreiecksnetzen. Bei der diffusen Reflexion ist die Farbe einer Fläche materialabhängig. Im Gegensatz zu der diffusen Reflexion hat spiegelnd reflektierendes Licht nicht die Farbe des Materials sondern die Farbe des Lichts.
Hieraus ergeben sich folgende Forschungsfragen:

- (RQ1) Welche Hindernisse können bei der Realisierung eines Ray-Tracers auftreten?

- (RQ2) Wie können diffuse und spiegelnde Reflexionen in einem Ray-Tracer umgesetzt werden?

---

1 https://www.nvidia.com/de-de/geforce/ (Zugegriffen am 14.01.2021)

2

VERWANDTE ARBEITEN

In wissenschaftlichen Arbeiten werden verschiedene Ansätze zur globalen Beleuchtungsberechnung aufgezeigt. Ein Ansatz zur Berechnung von ideal diffusen Reflexionen ist das Radiosity Verfahren. Das Verfahren ist nicht vom Blickpunkt abhängig. Es kann auch für komplexe Umgebungen eingesetzt werden [CG85].

Das Ray-Tracing Verfahren ist blickpunktabhängig. Beim Ray-Tracing werden die Sehstrahlen verfolgt. Falls ein Sehstrahl ein Objekt trifft, wird ein Schnittpunkt berechnet. Anschließend wird mithilfe eines Schattenfühlers die Beleuchtungsberechnung durchführt. Dieses Verfahren wurde von Kay und Whitted um 1980 entwickelt [Whi05] [KK86]. Das Verfahren ermöglicht allerdings keine indirekte diffuse Beleuchtung der Objekte in der Szene.

Das Path-Tracing Verfahren ist eine Erweiterung des Ray-Tracing Verfahrens. Hierbei wird der Sehstrahl bei diffusen Reflexionen weiterverfolgt. Die Erweiterung des Path-Tracing ist das Bidirectional Path-Tracing, bei welchen neben den Sehstrahlen auch die Lichtstrahlen verfolgt werden [LW93].

Diese bisherigen Arbeiten beschäftigen sich mit verschiedenen Ansätzen zur Beleuchtungsberechnung. In dieser Arbeit werden die Konzepte des Ray-Tracing verwendet, um ein Bild mit Kugeln und Dreiecksnetzen zu rendern. Der Fokus liegt dabei auf der diffusen und spiegelnden Reflexion, wobei neben den mathematischen Konzepten auch auf die Hindernisse bei der Realisierung eines Ray-Tracer eingegangen wird.

KONZEPT

Dieser Abschnitt stellt das abstrakte Konzept der Arbeit vor. Das Vorgehen ist in Abbildung 3.1 veranschaulicht und beinhaltet drei zentrale Schritte.

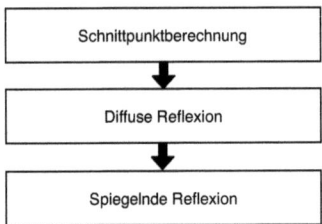

Abbildung 3.1: Vorgehen

Der erste Schritt beschäftigt sich mit der Schnittpunktberechnung von Sehstrahlen mit Kugeln oder Dreiecken. Der Schnittpunkt wird für die Reflexionsberechnung eingesetzt. Außerdem ist der Schnittpunkttest für Kugeln sehr einfach, deshalb werden Kugeln sehr oft für Ray-Tracing verwendet. Des Weiteren gibt es die geometrische und analytische Methode, um die Schnittberechnung für Kugeln durchzuführen. In dieser Arbeit wird die analytische Methode erklärt. Die Schnittpunktberechnung für Dreiecke ist sinnvoll, da komplexe Geometrien immer in ein Dreiecksnetz transformiert werden können. Die Implementierung des Schnittpunkttests für Dreiecke ermöglicht es also auch komplexe Geometrien zu rendern. Im zweiten Schritt wird die diffuse Reflexion für Kugeln und Dreiecke berechnet. Der letzte Schritt beinhaltet schließlich die Berechnung von Spiegelungen für Kugeln und Dreiecke.

4

PROTOTYPISCHE REALISIERUNG

Für die Realisierung des Ray-Tracers wurde die Programmiersprache C++ verwendet. Das Rendering-Ergebnis des Ray-Tracings wird in einer Portable Pixmap (ppm) gespeichert. Es wurde sich für eine ppm-Datei entschieden, da sie eine geringe Komplexität besitzt. Zunächst wurden die Datenstrukturen und die Verwaltung der Schnittpunkte konzipiert. In diesem Zusammenhang wurden Konzepte von [scra] und [Shi16] verwendet. Eine zentrale Datenstruktur stellt die *Vec3*-Klasse dar, weil diese Klasse neben den Koordinaten auch einige Operatoren zur Berechnung enthält. Für die Berechnung der Reflexionen wurde das Blinn-Phong-Modell eingesetzt. Das Blinn-Phong-Modell beruht auf dem Phong'schen Reflexionsmodell. Das Phong'sche Reflexionsmodell beschreibt die Reflexion von Licht als eine Verknüpfung aus ambienter, ideal diffuser und ideal spiegelnder Reflexion. Für die Reflexionsberechnung gilt folgende Notation:

- k_a: Menge des ambient reflektierten Lichts (liegt zwischen 0 und 1)

- k_d: Grad an diffuser Reflexion des Oberflächenmaterials (liegt zwischen 0 und 1)

- k_s: Grad an spiegelnder Reflexion des Oberflächenmaterials (liegt zwischen 0 und 1)

- I_e: Strahlungsstärke der (Punkt-) Lichtquelle

- l: Lichteinfallsvektor

- v: Richtungsvektor zum Betrachter

- n: Flächennormale

- r: Richtungsvektor reflektiertes Licht

Die Formel 4.1 veranschaulicht die Reflexionsberechnung nach Phong ohne trigonometrische Funktionen (n, l, r, v müssen normiert sein):

$$I_{ges} = I_a \cdot k_a + I_e \cdot k_d \cdot (n \cdot l) + I_e \cdot k_s \cdot (r \cdot v) \qquad (4.1)$$

In der Praxis wird meistens das Blinn-Phong-Modell verwendet, da es die Berechnung des Reflexionsvektors vermeidet. Statt des Reflexionsvektors verwendet dieses Modell einen Half-Way-Vektor, wodurch die Reflexionsberechnung beschleunigt wird. Der Half-Way-Vektor (h) liegt auf der Hälfte des Winkels zwischen v und l. Die Formel 4.2 legt die Berechnung dar:

$$I_{ges} = I_a \cdot k_a + I_e \cdot k_d \cdot (n \cdot l) + I_e \cdot k_s \cdot (n \cdot h) \qquad (4.2)$$

Der entwickelte Ray-Tracer ermöglicht das Rendering von Kugeln und Dreiecken mit diffusen und spiegelnden Materialien. Ein Menü ermöglicht es die
Kameraposition sowie die Position der Lichtquelle zu wechseln. Des Weiteren kann eine Szene mit einer Punktlichtquelle, Entfernten Licht und mehreren Punktlichtquellen gerendert werden. Die Ergebnisse sind in Abschnitt 5
demonstriert.

4.1   SCHNITTPUNKTBERECHNUNG

4.1.1   *Kugel*

Beim Ray-Tracing werden häufig Kugeln verwendet, da die Schnittpunktberechnung einfach zu realisieren ist. Die folgende Formel beschreibt die
Kugeloberfläche mit dem Kugelmittelpunkt ($C = C_x, C_y, C_z$):

$$(x - C_x)^2 + (y - C_y)^2 + (z - C_z)^2 = R^2 \tag{4.3}$$

Der Radius R wird schließlich durch den Vektor von $C = (C_x, C_y, C_z)$
nach $P = (x, y, z)$ berechnet, wobei P den Schnittpunkt des Sehstrahls mit
der Kugeloberfläche darstellt. R^2 kann also wie folgt berechnet werden:

$$(P - C) \cdot (P - C) = R^2 \tag{4.4}$$

Im nächsten Schritt muss berechnet werden, wann der Sehstrahl $P(t) =
O + tD$ die Kugeloberfläche schneidet. O bezeichnet die Position der Kamera.
Die Formel kann erweitert werden, indem der Punkt $P(t)$ in die Gleichung
4.4 eingesetzt wird. Im nächsten Schritt kann diese Gleichung, indem alles
auf die linke Seite gebracht und erweitert wird, wie folgt umgestellt werden:

$$t^2 D \cdot D + 2tD \cdot (O - C) + (O - C) \cdot (O - C) - R^2 = 0 \tag{4.5}$$

Im nächsten Schritt wird die Gleichung 4.5 wie folgt vereinfacht:
$a = t^2 D \cdot D$
$b = 2tD \cdot (O - C)$
$c = (O - C) \cdot (O - C) - R^2$
Im Weiteren kann die Gleichung 4.5 folgendermaßen geschrieben werden:

$$at^2 + bt + c = 0 \tag{4.6}$$

Die Gleichung 4.6 kann mithilfe der abc-Formel gelöst werden.

$$t_{1,2} = \frac{-b \pm \sqrt{b^2 - 4ac}}{2a} \tag{4.7}$$

Es existieren drei Lösungen auf Basis der Diskriminante
$b^2 - 4ac < 0$:

1. $b^2 - 4ac < 0 \rightarrow 0$. Lösungen (kein Schnittpunkt)

2. $b^2 - 4ac = 0 \rightarrow$ 1. Lösung (ein Schnittpunkt)

3. $b^2 - 4ac > 0 \rightarrow$ 2. Lösungen (zwei Schnittpunkte)

Es können also kein Schnittpunkt, ein Schnittpunkt oder zwei Schnittpunkte mit einer Kugel in der Szene auftreten. Bei zwei Schnittpunkten wird der Schnittpunkt ausgewählt, der näher am Betrachter liegt.

4.1.2 Dreieck

In der Computer Graphik spielen Dreiecke eine zentrale Rolle, da jedes Objekt in ein Dreiecksnetz umgewandelt werden kann. Es kann der Schnittpunkt eines Strahls mit einem Dreieck berechnet werden. Die Abbildung 4.1 dient als Veranschaulichung für die Schnittpunktberechnung.

Die Schnittpunktberechnung zwischen einem Sehstrahl und einem Dreieck verläuft in mehreren Schritten.

1. Auswahl des Koordinatensystem

2. Berechnung der Normale des Dreiecks

3. Finden des Schnittpunkts P mit der Ebene

4. Prüfen, ob P auf Dreieck liegt?

Zunächst muss die Art des Koordinatensystems ausgewählt werden, da Objekte in einem rechtshändigen Koordinatensystem anders aussehen als in einem linkshändigen Koordinatensystem. In dieser Arbeit wird das linkshändige Koordinatensystem verwendet. Im zweiten Schritt wird die Norma-

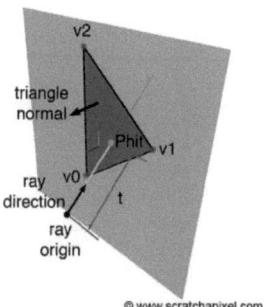

© www.scratchapixel.com

Abbildung 4.1: Schnittpunkt und Dreieck [scrb]

le des Dreiecks (Eckpunkte: $v0$, $v1$, $v2$) berechnet. Das Dreieck liegt in einer Ebene, deshalb liegen auch die Vektoren der Kanten des Dreiecks in der Ebene. Zwei Vektoren (A, B) der Dreieckskanten bilden die Richtungsvektoren der Ebene. Die Normale der Ebene ist auch die Normale des Dreiecks, daher wird das Kreuzprodukt (nicht kommutativ) zwischen A und B verwendet, um die Normale zu berechnen. Die Gleichung für den Sehstrahl lautet $P = O + tR$ (P: Schnittpunkt mit den Dreieck, O: COP (Auge des Betrachters, engl. center of projection), R: Richtungsvektor des Sehstrahls, t: Distanz zwischen O und P). Außerdem ist die Ebenengleichung bekannt, in welcher das Dreieck liegt. Diese Darstellungsart von Ebenen nennt man auch Koordinatenform.

$$n_1 x + n_2 y + n_3 z + D = 0 \tag{4.8}$$

(n_1, n_2, n_3) sind die Koordinaten der Normalen N. D ist die Distanz zwischen dem COP und der Ebene. (x, y, z) sind die Koordinaten eines Punktes auf der Ebene. D wird mit dem Skalarprodukt zwischen N und $v0$ berechnet, um die Distanz zwischen dem COP und der Ebene zu erhalten. Außerdem ist der Punkt P ein Schnittpunkt mit der Ebene, deshalb kann dieser Punkt in die Ebenengleichung eingesetzt werden.

$$n_1 * P_x + n_2 * P_y + n_3 * P_z + D = 0 \tag{4.9}$$

Die Kamera zeigt in die positive z-Richtung. Die Umstellung nach t ergibt folgende Formel:

$$t = \frac{-N(n_1, n_2, n_3) \cdot O + D}{N(n_1, n_2, n_3) \cdot R} \tag{4.10}$$

Im nächsten Schritt wird geprüft, ob P auf dem Dreieck liegt. Hierfür muss eine Fallunterscheidung durchgeführt werden.

1. Sehstrahl und Dreieck sind parallel

2. Dreieck ist hinter dem Sehstrahl

Im ersten Fall stehen die Normale und der Sehstrahl senkrecht zueinander und das Skalarprodukt ist 0. Im zweiten Fall ist das Dreieck hinter dem Sehstrahl, wenn t negativ ist. In diesem beiden Fällen wurde kein Schnittpunkt mit der Ebene gefunden. Anschließend wird geprüft, ob der Punkt P innerhalb oder außerhalb des Dreiecks liegt. Hierfür wird ein Inside-Outside-Test durchgeführt. Es wird das Kreuzprodukt (C) zwischen Kante $v01$ ($v1 - v0$) und Vektor $vp0$ ($P - v0$) berechnet. Anschließend berechnet man das Skalarprodukt zwischen C und der Normalen n. Ist das Ergebnis des Skalarprodukts positiv, dann liegt der Punkt P im Dreieck. Ist das Ergebnis hingegen negativ, dann liegt der Punkt P außerhalb des Dreiecks. Diese Vorgehen muss für jede Kanten wiederholt werden. Es muss immer ein positives Skalarprodukt herauskommen, damit der Punkt im Dreieck liegt.

4.2 DIFFUSE REFLEXION

Zunächst ist anzumerken, dass diffuse Oberflächen auftreffendes Licht in alle Richtungen in gleicher Menge reflektieren. Die diffuse Reflexion ist nicht von der Position des Betrachters abhängig. Auf einen bestimmten Punkt P eines Objekts trifft die maximale Lichtmenge auf, wenn der Lichtstrahl und die Normale des Punkts parallel verlaufen. Die Lichtmenge, die auf den Punkt trifft, wird immer kleiner je größer der Winkel zwischen dem Lichtstrahl und der Normalen wird. Der Grund ist die Verteilung der Lichtmenge über eine größere Fläche. Wenn der Lichtstrahl orthogonal zur Normalen des Punktes verläuft, trifft kein Licht mehr auf den Punkt. Es ist also festzuhalten, dass auch weniger Licht reflektiert werden kann, wenn weniger Licht auf eine bestimmte Stelle eines Objekts fällt. Die Oberfläche wird also mit steigendem Winkel dunkler. Dieses Phänomen wird durch das Lambertsches Kosinusgesetz beschrieben. Der Winkel θ zwischen der Normalen n und der Lichtrichtung l kann mithilfe des Skalarprodukts von n und l berechnet werden ($\cos\theta = n \cdot l$). Dies ist möglich, da die Vektoren n und l normiert sind. Mit dieser Formel kann das eintreffende Licht berechnet werden. Im nächsten Schritt muss betrachtet werden, wie viel Licht von der diffusen Oberfläche reflektiert wird. Als erstes ist anzuführen, dass ein bestimmter Anteil des Lichts von der Oberfläche absorbiert wird und der andere Anteil reflektiert wird. Das Verhältnis zwischen reflektierten und eintreffenden Licht wird allgemein als albedo bezeichnet. Das Licht, welches von einer diffusen Oberfläche reflektiert wird, kann also wie folgt berechnet werden:

$$I_e \cdot k_d \cdot n \cdot l$$

4.3 SPIEGELNDE REFLEXION

Die Berechnung von spiegelnden Reflexionen basiert auf dem Reflexionsgesetz. Das Reflexionsgesetz besagt, dass der einfallende Lichtstrahl und der reflektierte Lichtstrahl den gleichen Winkel hinsichtlich der Normalen haben. Dieses Prinzip veranschaulicht die Abbildung 4.2. Im Weiteren ist die spiegelnde Reflexion abhängig von der Position des Betrachters. Im Ray-Tracing

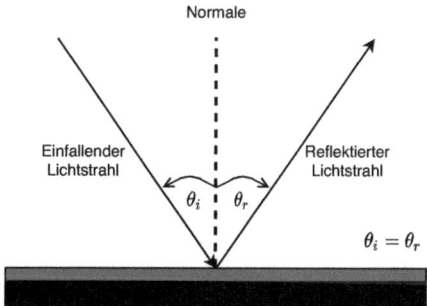

Abbildung 4.2: Reflexionsgesetz (Eigene Darstellung)

wird die Reflexionsberechnung durchgeführt, wenn ein Sehstrahl auf eine spiegelnde Oberfläche trifft. In diesem Fall wird die Reflexionsrichtung r anhand der Blickrichtung v (Richtung des Sehstrahls) und der Normalen n am Schnittpunkt berechnet. Die Berechnung nach dem Blinn-Phong-Modell lautet $I_e \cdot k_s \cdot (n \cdot h)$. Anschließend wird die Funktion $pixelColor()$ rekursiv aufgerufen und es wird dem Pixel die Farbe des reflektierten Strahls zugewiesen. In diesem Zusammenhang ist festzuhalten, dass der Sehstrahl ein spiegelndes Objekt schneidet, von dem ein Reflexionsstrahl berechnet wird. Dieser Reflexionsstrahl kann wieder auf ein spiegelndes Objekt treffen und es wird wieder ein Reflexionsstrahl erzeugt. Dieser Prozess erzeugt immer wieder Reflexionsstrahlen bis ein Reflexionsstrahl eine nicht spiegelnde Fläche oder nichts (Hintergrundfarbe als Rückgabe) schneidet. Für die rekursiven Aufrufe muss eine Obergrenze festgelegt werden, damit kein unendlicher Prozess entsteht. Die Wahl der Rekursionstiefe ist immer ein Kompromiss zwischen Bildqualität und Renderzeit.

5

DISKUSSION UND ERGEBNISSE

Der entwickelte Ray-Tracer generiert eine Szene, in welcher sich diffuse und spiegelnde Objekte befinden. In Abbildung 5.1 ist die Szene mit einer Punktlichtquelle gezeigt.

Abbildung 5.1: Punktlichtquelle von rechts

Der Boden der Szene wird durch eine große gelbe Kugel, welche aus einem diffusen Material besteht, erzeugt. Im Weiteren befindet sich links eine spiegelnde Kugel, in welcher sich die anderen Objekte der Szene spiegeln. Außerdem spiegelt sich der Himmel und der Boden in der Kugel. Die Punktlichtquelle spiegelt sich ebenfalls in der Kugel und ist als Glanzlicht auf der Kugeloberseite zu erkennen. Des Weiteren ist der Schattenwurf der Kugel zu sehen. In der Mitte der Szene ist eine blaue diffuse Kugel dargestellt. Diese Kugel zeigt die implementierte diffuse Reflexion. Im Weiteren befindet sich im vorderen Bereich der Szene noch eine kleine rote und eine kleine blaue diffuse Kugel. Neben der großen blauen Kugel ist eine Pyramide dargestellt, welche aus spiegelnden Material besteht. In der Pyramide spiegelt sich das diffuse rote Dreieck, welches sich vor der Pyramide befindet. Außerdem ist zu erkennen, dass die Kugel des Bodens im hinteren Teil des Bildes einen Schatten wirft. Der Grund hierfür ist, dass die Kugel nach hinten abfällt und an diesen Stellen entsprechend weniger Licht von der Lichtquelle ankommt.

Im Weiteren bietet der Ray-Tracer auch die Option mehrere Lichtquellen zusammenzuschalten. In Abbildung 5.2 ist die gleiche Szene nochmal mit drei Punktlichtquellen (von links, von vorne und von rechts) gezeigt. In der Szene sind die Überlagerungen der einzelnen Schattenwürfe eindrucksvoll sichtbar.

Bei der Realisierung des Ray-Tracers sind allerdings auch einige Hindernisse aufgetreten. Zunächst einmal ist es hilfreich eine *Vec3*-Klasse anzulegen, in welcher die einzelnen Punkte, Vektoren und Farben sowie grundlegende mathematische Operationen wie bspw. das Skalarprodukt oder das

Abbildung 5.2: Mehrere Punktlichtquellen (links, vorne, rechts)

Kreuzprodukt implementiert sind. Die Verwendung der *Vec3*-Klasse kann noch vereinfacht werden, indem Aliasse eingesetzt werden bspw. für Punkte, Vektoren und Farben. Es ist damit auch in anderen Klasse ersichtlich, ob es sich um einen Punkt, einen Vektor oder eine Farbe handelt. Ein weitere Schwierigkeit ist bei der Schnittpunktberechnung der Dreiecke aufgetreten. Die Schnittpunktberechnung wurde mathematisch korrekt implementiert, dennoch sind schwarze Punkt in den jeweiligen Dreiecken entstanden. In Abbildung 5.3 ist auf der linken Seite der beschriebene Fehler zu sehen.

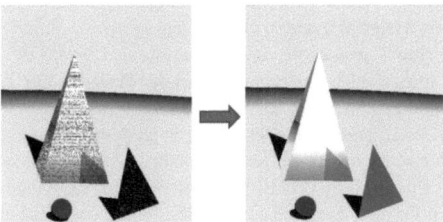

Abbildung 5.3: Links: Ohne Bias, Rechts: Mit Bias

Bei der Problemlösung sollte man den Ablauf der Beleuchtungsberechnung einzeln debuggen. Zunächst wird der Schnittpunkt des Sehstrahls mit dem Dreieck berechnet. Anschließend wird ein Schattenfühler von diesem Punkt zur Lichtquelle berechnet. Der Schattenfühler ist ein Vektor vom Schnittpunkt zur Lichtquelle und mithilfe dieses Schattenfühlers wird entschieden, ob der Punkt im Schatten liegt oder nicht. Wenn der Schattenfühler ein oder mehrere andere Objekt in der Szene schneidet, dann liegt der Schnittpunkt im Schatten, ansonsten nicht. Es hat sich herausgestellt, dass der Schattenfühler teilweise das Dreieck selbst schneidet, wodurch die schwarzen Punkte auf den Dreiecken entstanden sind. Der Fehler konnte behoben werden, indem auf jeden Schnittpunkt ein Bias in Richtung der Normale addiert wurde. Bei der Implementierung hat sich ein Bias von 1e-4 als ausreichend herausgestellt. Das korrigierte Ergebnis ist in Abbildung

5.3 auf der rechten Seite zu sehen. Abschließend ist noch anzumerken, dass es hilfreich ist, Lichtquellen aus unterschiedlichen Positionen zu verwenden, da somit die Beleuchtungsberechnungen und die Schattenberechnungen validiert werden können.

6

ZUSAMMENFASSUNG UND AUSBLICK

In dieser Arbeit wurde eine Vorgehensweise zur Realisierung eines globalen Beleuchtungsmodells mithilfe von Ray-Tracing vorgestellt. Der vorgestellte Ray-Tracer unterstützt diffuse und spiegelnde Reflexionen für Kugel und Dreiecke sowie mehrere Kamera- und Lichtpositionen. Außerdem zeigt die Arbeit einige Hindernisse auf, die bei der Realisierung eines Ray-Tracers auftreten können. In diesem Zusammenhang werden auch Lösungsvorschläge dargelegt.

In zukünftigen Arbeiten könnte der Ray-Tracer um weitere Funktionalitäten wie bspw. transparente Materialien erweitert werden.

[Chr+06]   Per H Christensen, Julian Fong, David M Laur und Dana Batali. "Ray tracing for the movieCars'". In: *2006 IEEE Symposium on Interactive Ray Tracing*. IEEE. 2006, S. 1–6.

[CG85]   Michael F Cohen und Donald P Greenberg. "The hemi-cube: A radiosity solution for complex environments". In: *ACM Siggraph Computer Graphics* 19.3 (1985), S. 31–40.

[KK86]   Timothy L Kay und James T Kajiya. "Ray tracing complex scenes". In: *ACM SIGGRAPH computer graphics* 20.4 (1986), S. 269–278.

[LW93]   Eric P Lafortune und Yves D Willems. "Bi-directional path tracing". In: (1993).

[Pan+20]   S. Panghal, D. A. Bilung, N. Gupta und G. Kumar. "Enhancing Graphic Performance Curve using Ray Tracing". In: *2020 12th International Conference on Computational Intelligence and Communication Networks (CICN)*. 2020, S. 55–59. DOI: 10.1109/CICN49253. 2020.9242622.

[Shi16]   Peter Shirley. *Ray tracing in one weekend*. 2016.

[Whi05]   Turner Whitted. "An improved illumination model for shaded display". In: *ACM Siggraph 2005 Courses*. 2005, 4–es.

[scra]   scratchapixel. *Learn Computer Graphics From Scratch!* (Zugegriffen am 08.02.1021). URL: https://www.scratchapixel.com.

[scrb]   scratchapixel. *Ray Tracing: Rendering a triangle*. (Zugegriffen am 17.01.2021). URL: https://www.scratchapixel.com/lessons/3d-basic-rendering/ray-tracing-rendering-a-triangle.

BEI GRIN MACHT SICH IHR WISSEN BEZAHLT

- Wir veröffentlichen Ihre Hausarbeit,
  Bachelor- und Masterarbeit

- Ihr eigenes eBook und Buch -
  weltweit in allen wichtigen Shops

- Verdienen Sie an jedem Verkauf

Jetzt bei www.GRIN.com hochladen
und kostenlos publizieren